赤ちゃんから
あそべる

お手玉あそび

藤田浩子●編著　鈴木隆一朗●絵

一声社

赤ちゃんのおもちゃに
「お手玉」をひとつ加えてみませんか？

■□■□■□■□■□■□■□■□■□■□■□

　お手玉というと、小学生ぐらいの女の子が、２つとか３つとか手に持って、それを巧みに操（あやつ）ってあそぶものと思い込んでいらっしゃる方も多いと思いますが、いえいえ、お手玉は赤ちゃんのおもちゃとしても、なかなか有能なのです。

　はじめは赤ちゃんを抱っこして、赤ちゃんの手をとってあそんでみましょう。赤ちゃんがひとりでおすわりできるようになったら、向かい合って座ったり、少し離れて座ったりして、あそんでみてください。きっと赤ちゃんとお母さん（お父さん・保育者）との絆が深まります。ぜひ、ひとつかふたつ、赤ちゃんのそばにお手玉を置いていただきたいと思っております。

　お手玉の良さは、まず転がっていかないということです。落とすたびに転がっていってしまうボールと違って、赤ちゃんが落としたら、落としたその場所に、いつまでもありますから、赤ちゃんが自分で拾えます。そしてつまみやすいというのも長所のひとつです。特に、この本で紹介している大きいお手玉（9cm × 16cmの布を４枚縫い合わせたもの）は、中身を少なめに入れておけば、まだ上手につまめない赤ちゃんでもつまむことができるし、つまむ力をつける訓練にもなります。

　そしてもうひとつの長所は、いろいろに「見立てる」ことができるということです。砂場も積み木も、ひとつの素材（おもちゃ）でいろいろに見立てて、いろいろなあそびができます。お手玉もおもちと思えばおもちになるし、ウサギと思えばウサギになります。また、あそび方が決まっているわけではなく、年齢によって、いろいろなあそび方ができます。ここに紹介したあそびだけでなく、お店屋さんごっこの品物にもなります。八百屋（やおや）になった子が並べればトマトにもお芋にもなりますし、果物屋になった子が並べればリンゴにもナシにもなります。いろいろなものに「見立てる」ことができるおもちゃが子どもには必要だと思っている私としては、ぜひお手玉をおもちゃ箱に入れてほしいと思っているのです。

　最後にもうひとつ、プラスチックにはない、あの布の感触も長所に加えたいと思います。

　この本では主に幼いお子さん向けのあそびを紹介していますが、昔からのあそび方、少し技術が必要なあそび方も、いくつか紹介しています。昔お手玉であそんだ方は、思い出すきっかけにしてくだされればうれしいです。

CONTENTS
もくじ

3

この本で使う
お手玉に
ついて

●大きいお手玉 （作り方は、P74）

　この本では、赤ちゃんとあそべるように、少し大きいサイズのお手玉を使います。直径（円形ではありませんが）が14cmくらいの、座布団型のお手玉です。重さは、約100g。子どもがつまみやすいように、中身は少なめにしています。

　中に入れる物は、あずきやコーンなどでもいいのですが、プラスチック製のペレットを使えば、赤ちゃんが舐めたりして汚しても水洗いできますのでおすすめです。大きいお手玉は、おもちを搗くようにグーでたたくこともできますし、おだんごのように丸めてあそぶこともできます。また、頭に載せると、ちょうどよく頭に納まってくれますので、載せたまま歩いたり、立ったり座ったりなど、普通サイズのお手玉とは違ったあそび方がいろいろできます。

（＊大きいお手玉は、金子きくえさんに教えていただきました）

座布団型のお手玉

（大きいお手玉）

（普通サイズ）

●普通サイズのお手玉
（作り方は、座布団型　P74・俵型　P80）

　一般的にお手玉あそびで使われているお手玉は、大人の手の中に納まるくらいの大きさです。（日本のお手玉の会が競技用として推奨しているサイズは、4.5cm×9.0cmの布4枚で作った座布団型で、中身はあずき・数珠玉・ペレットなど、重さは40ｇ）。形は、座布団型のほかに、俵型・まくら型・かます型などがあります。

　この本では、第4章で、普通サイズのお手玉を使った、かんたんな伝承のお手玉あそびを紹介しています。

俵型のお手玉

●ネコの形のお手玉・サルの形のお手玉
（作り方は、P76・P78）

　この本では、ネコの形のお手玉とサルの形のお手玉を使ったおはなしあそびも紹介しています。作り方も紹介していますので、これを参考にして、いろんな形のお手玉を作るのも楽しいと思います。

サルの形のお手玉

ネコの形のお手玉

◎「大きいお手玉」と「ネコの形のお手玉」は、一声社で販売しています。詳細は表紙の裏面をご覧ください。

第1章

赤ちゃんと
あそんでみよう

まず、たたく、つつく、つまむなど、できるものからあそんでみましょう。

子どもが気に入ってくれたら、そればかりあそんでも構いませんし、リズミカルにできなくても楽しめればいいと思います。

【使うお手玉】
大きいお手玉

年齢別のあそび方

子どもの年齢（月齢）に合わせて、以下のようにあそび方を変えてあそびましょう。

まだおすわりが おぼつかない 子どもは、

①おひざに乗せて、
②子どもの手を持ってあそんであげましょう。

おすわりが安定して できるようなら、

①大人と向き合ってすわり、
②大人がまずやって見せて、
③それから子どもにも、たたいてもらったりしましょう。

お手玉を
自分で持って
できるようなら、

①大人も子どももお手玉を１個
　ずつ持って、
②大人と一緒にあそびましょう。

※大きいお手玉を手に載せられない子は、普通サイズのお
　手玉やハンカチをまるめたものを使ってみてください。
　また、手に載せずに床やひざの上に置いても構いません。

※子どもがひとりでできないところは、大人が子ども
　の手を持って、一緒にやってあげましょう。

ひとこと

　赤ちゃんは手が小さいから大きいお手玉は無理と考える方もいらっしゃいますが、にぎ
るときはともかく、つまんだり、たたいたり、頭に載せたりするのは、大きいお手玉のほ
うが扱いやすいようです。年齢（月齢）などにこだわらず、たたいたり、つついたり、つ
まんだり、赤ちゃんが興味を持ったものからあそんでみましょう。
　保育園などでは、みんながやっているということで、興味が長続きしたり、別のあそび
に発展しやすいのですが、家庭で親とあそんでいる場合、興味がわかないとすぐ飽きてし
まうかもしれません。２種類３種類あそびを変えても興味が無いようでしたら、無理強い
はしないで、あきらめましょう。お母さんや保育士さんがひとりであそんでいると、近づ
いてくることもありますけどね。

（お手玉のサイズの詳細は P4 参照）

たたいてみよう

大きいお手玉を1個（または各自1個ずつ）持ちます。
赤ちゃんとあそぶときは、ゆっくりと歌いましょう。

1 ♪お手玉あそびをいたしましょう

両手でお手玉を持って左右に揺らす

2 ♪上からポンポンたたきましょう

左手のひらに載せて、右手をグーにして
お手玉をたたく

3 ♪おててを替えてたたきましょう

右手のひらに載せて、左手をグーにして
たたく

4（左右の手を替えて3をくり返す）

※片手に載せられない場合は、ひざや
　床に置いてたたきます。
※右手でも左手でも構いません。
※手を替えるのが難しければ、同じ手
　でやりましょう。

やってみよう！
手をパーにして
たたくのも
やってみましょう。

つついてみよう

大きいお手玉を1個（または各自1個ずつ）持ちます。

1 ♪お手玉あそびをいたしましょう

2 ♪上からツンツンつつきましょう

両手でお手玉を持って左右に揺らす

左手のひらに載せて、右手の指で
お手玉をつつく

3 ♪おててを替えてつつきましょう

4 （左右の手を替えて**3**をくり返す）

右手のひらに載せて、
左手の指でつつく

お手玉あそび

作詞／作曲：藤田浩子

お て だ ま あ そ び を い た し ま しょう

う え か ら ポ ン ポ ン た た き ま しょう

お て て を か え て た た き ま しょう

※歌詞や音程は、それぞれのあそびに合わせて変えて歌ってください。
※赤ちゃんとあそぶときは、ゆっくりと歌ってあげましょう。

つまんで落としてみよう

大きいお手玉を1個（または各自1個ずつ）持ちます。

1 ♪お手玉あそびをいたしましょう

両手でお手玉を持って左右に揺らす

2 ♪上からつまんで

左手のひらに載せて、右手でつまんで、

3 ♪落としましょう

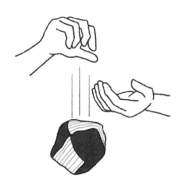

落とす

4 ♪おててを替えて
載せましょう

左手でつまんで右手のひらに載せる

5 ♪上からつまんで

左手でつまんで、

6 ♪落としましょう

落とす

7（左右の手を替えて
4～6をくり返す）

※歌は P9「お手玉あそび」と同じですが、言葉に合わせて音程を変えて歌ってください。

つまんで渡してみよう

大きいお手玉を1個持って、大人と子どもで向かい合って座ります。

1 ♪お手玉つまんで渡しましょう

お手玉を左手に載せ、右手でつまむ
子どもは両手を揃えて待つ

2 ♪太郎ちゃんに渡しましょう

子どもの両手の上に載せる

3 ♪お手玉つまんで渡しましょう

子どもがお手玉をつまむ
大人は両手を揃えて待つ

※つまむのは左右どちらの手でも構いません。

4 ♪お母さんに渡しましょう

大人の両手の上に載せてもらう

5 （1〜4をくり返す）

※「太郎ちゃん」のところは、子どもの名前に、「お母さん」のところは、「先生」「○○さん」
　など、それぞれに合わせて替えて歌ってください。
※歌はP9「お手玉あそび」と同じですが、言葉に合わせて音程を変えて歌ってください。

まるめてみよう

大きいお手玉を１個（または各自１個ずつ）持ちます。

1 ♪お手玉あそびをいたしましょう

両手でお手玉を持って左右に揺らす

2 ♪おだんごおだんごまるめましょう

左手のひらに載せて、お手玉をまるめる

3 ♪おててを替えてまるめましょう

右手のひらに載せ替えて、まるめる

※子どもがひとりでできない場合は、
　子どもの手を持って、一緒にまるめます。

4 ♪まるめたおだんご食べましょう
　「いただきまぁす」

食べるふりをする

※１個のお手玉を子どもと一緒にまるめた場合
　は、大人が最初に「あむあむあむ」と食べる
　ふりをしてから、子どもにも「どうぞ」とあ
　げます。

お手玉をおだんごに「見立てて」食べるまねをしてあそびます。この「見立てあそび」という
のは、子どもの成長にとても大事な役割を果たします。大人がおいしそうに食べる「ふり」を
して見せると、子どもも「ふり」だけでおいしさを感じるようです。

※歌は P9「お手玉あそび」と同じですが、言葉に合わせて音程を変えて歌ってください。

数人で輪になって座り、大きいお手玉1個であそびます。おだんごをまるめたら、隣の人におすそ分けをしてみましょう。

1 ♪お手玉あそびをいたしましょう
　　おだんごおだんごまるめましょう
　　おててを替えてまるめましょう

　　（12 ページの 1 〜 3 と同じ）

2 ♪おだんごおだんごさあできた
　　「おとなりさんに　どうぞ」

3 「ありがとう　いただきます」

もらった人は食べるふりを
してから、同様にくり返す

隣の人に渡す

　　わらべうたというのは、メロディがいいかげんで（というか地方によっていろいろで）、その土地の言葉の抑揚によって変わっていきます。たとえば「橋」という言葉でも、関西では最初の「は」を強調して言いますが、関東や東北では「橋」の「し」を強調します。
　　というわけで、関東・東北地域では、「上からポンポン」なら「ソラララララソソ」と歌い、「お手玉つまんで」なら「ソラソソソソソソ」と歌います。ご自分の地域のアクセントを大事にしながら、お好きなように歌ってください。

頭に載せて　落としてみよう

大きいお手玉を1個（または各自1個ずつ）持ちます。

1 ♪頭に載せて数えましょう

お手玉を頭に載せる

2 「ひとつ　ふたつ　みっつ」

ゆっくり数えながら、
手を3回たたく

3 「はい」

首を前に倒して、お手玉を床に落とす

やってみよう！

足元に置いた箱に
お手玉を落として
みましょう。

※歌はP9「お手玉あそび」と同じですが、言葉に合わせて音程を変えて歌ってください。

発展！

お手玉を
受け止めて
みましょう。

・両手で受け止める

・両手で持った箱に落とす

・両手で持ったハンカチで受け止める

・片手で受け止める

・手の位置をおへそより下に置いて、
　両手または片手で受け止める

ひとこと

　お手玉を頭に載せて、それを落とさないようにしたり、落としたり、落としたお手玉を受け止めたりするだけのあそびなのですが、手でなくハンカチで受け止めたり、カゴの中に落としたり（１６ページ）など、あそび方を変えると、また別の楽しみ方ができます。あそぶ「もの」はひとつでも、それをいろいろなあそび方で楽しむということは、あそびを発展させ、あそび方を創造することにつながります。いろいろなあそび方で楽しみましょう。

頭に載せて　歩いてみよう①

大きいお手玉を1個と、少し大きめのカゴ（または箱など）を1個用意します。

（準備）

少し離れたところに、カゴ（または箱など）を置いておく。

※カゴに動物の絵などを
　貼るのもおすすめです。

1 ♪頭に載せて歩きましょう

お手玉を頭に載せる

2 ♪むこうのカゴまで歩きましょう
　ゆっくりゆっくり歩きましょう

ゆっくり歩いて行く

3 ♪お手玉カゴに落としましょう
　「1、2の、3、はい」

首を前に倒して、お手玉をカゴに落とす

やってみよう！

カゴまでの距離を
少し延ばして
やってみましょう。

※距離は、子どもの年齢に合わせて、
　調節しましょう。

※歌はP9「お手玉あそび」と同じですが、言葉に合わせて音程を変えて歌ってください。

発展！
S字に
歩いて
みましょう。

・床に、カラーテープなどを
　S字に貼って、くねくね道
　を歩いてカゴまで行ってみ
　ましょう。
・できるようになったら、
　ジグザグの道（W字）にも
　挑戦してみましょう。

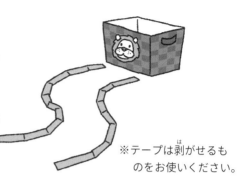

※テープは剥がせるも
のをお使いください。

発展！
載せる場所を
変えて歩いて
みましょう。

「からだのどこかにお手玉を載せて歩いてみよう」と言って、載せ
る場所を子ども自身に考えてもらうと、いろんなアイデアであそん
でくれます。

発展！
お友だちと
競争して
みましょう。

カゴを2個用意して、
どっちが先にカゴまで
行って、お手玉をカゴ
の中に落とせるか、競
争してみましょう。

ひ と こ と

　大人にとってはどうということもないあそびですが、幼い子には2つの動作を1度にや
ることを要求されます。「お手玉を頭から落とさないようにすること」と「つまずかない
で目的のところまで歩くこと」です。1歳児は競争意識もあまり強くないし、ルールを守
るのも難しいかもしれませんが、4歳ぐらいになると、途中でお手玉を落としたら、スター
ト地点に戻ってやり直し、なんていうルールもわかってくるでしょう。

頭に載せて　歩いてみよう②

大きいお手玉を1個持ちます。

1 ♪頭に載せて歩きましょう

お手玉を頭に載せる

2 ♪はなちゃんのおうちに行きましょう
　ゆっくりゆっくり歩きましょう

※子どものところ
　に着くまで、
　何度も歌います。

ゆっくり
歩いて行く

3「こんにちは」

子どもの前でおじぎをして、お手玉を床に落とす

4「はなちゃん　どうぞ」

お手玉を拾って、子どもに渡す

5 ♪頭に載せて歩きましょう
　……
　「太郎ちゃん　どうぞ」

お手玉をもらった子が、同様に
別のお友だちのところへ歩いて
行ってお手玉を渡す

※「はなちゃん」「太郎ちゃん」のところは、子どもの名前に替えて歌ってください。
※歌はP9「お手玉あそび」と同じですが、言葉に合わせて音程を変えて歌ってください。

頭に載せて　座ってみよう

大きいお手玉を1個と、いすを1個用意します。

（準備）
いすを1個用意して、
その前に立つ。
次の子はその横で
待つ。

1 ♪お手玉頭に載せましょう

お手玉を頭に載せる

2 ♪そのまま静かに
座りましょう

いすに座る

3 ♪それから静かに
立ちましょう

いすから立ち上がる

4 「こんにちは」

次の子に向かっておじぎをして
お手玉を床に落とす

5 「太郎ちゃん　どうぞ」

お手玉を拾って次の子に渡す
もらった子が同様にする

ひとこと

　3歳や4歳になると、お手玉を頭に載せてきた子が手渡してくれるのを待ちきれずに、頭から落とすお手玉を、さっさと受け止めてしまう子もいます。渡す側の子が自分で拾って渡したいと思う子なら、もう一度やり直しても構いませんが、そうでなかったら、上手に受け止めたことをほめてあげましょう。そこからまた新しいあそび方が生まれるかもしれません。

　「お手玉はこの箱に入れて、いすを片づけて」と頼んだら、お手玉を頭に載せたままいすを片づけている子がいました。落としもせず、部屋の隅（すみ）までいすを運んでいました。「すごいね」とほめたら、何人かの子がまねをしていました。大勢になるとぶつかったりしてちょっと危険だったのでやめましたが、子どもたちはいろいろなあそびを考えてくれます。そのアイデアを汲み取るのが大人の役目でしょうね。

※歌はP9「お手玉あそび」と同じですが、言葉に合わせて音程を変えて歌ってください。

投げて渡してみよう

大きいお手玉を1個持って、大人と子どもで向かい合って座ります。

1 ♪お手玉投げて渡しましょう

両手でお手玉を持って左右に揺らす

2 ♪太郎ちゃんに渡しましょう

そっと投げて、子どものひざに載せる

3 ♪お手玉投げて渡しましょう

子どもがお手玉を両手で持って
左右に揺らす
大人は両手を揃えて待つ

4 ♪お母さんに渡しましょう

大人に向かって両手で投げてもらう
大人は両手で受け取る

5 （1〜4をくり返す）

※「太郎ちゃん」のところは、子どもの名前に、「お母さん」のところは、「先生」「○○さん」
　など、それぞれに合わせて替えて歌ってください。
※歌はP9「お手玉あそび」と同じですが、言葉に合わせて音程を変えて歌ってください。

発展！
カゴに投げ入れてみましょう。

カゴ（または箱など）を1個用意して、少し離れたところに置いて、そこに投げ入れてみましょう。

（準備）
子どもの立つ位置に、フラフープやジョイントマットなどを置き、30〜50cmくらい離れたところに、大きめのカゴ（または箱など）を置く。

※距離は、子どもの年齢に合わせて、調節しましょう。

発展！
お友だちと玉入れ競争をしてみましょう。

カゴ（または箱など）を2個用意して、少し離れたところに置き、2人で、またはチームに分かれて、玉入れ競争をしてみましょう。

ひとこと

　この玉入れは、部屋の中でやるので、運動会でやる玉入れのように入れそこなった玉を拾って入れることはしません。手元（足元）にあるお手玉だけで勝負します。3歳ぐらいからは競争心が芽生えてきますから、2人で、または数人で競争することもできるようになりますが、競争はあくまで子どもたちを励ますための競争にとどめておきましょう。

　立つ位置からカゴまでの距離は、50cm（1歳2歳なら30cm）ぐらいから始めると、ほとんどの子が全部の玉を入れます。そうしたらたくさんほめてあげます。そして「じゃぁ、これもできるかな」と1mぐらい離して、競争してみましょう。

（＊このあそびは、和歌山お手玉の会（代表：森勝代さん）のあそびからヒントをもらいました）

お手玉けんぱ

石の代わりに大きいお手玉を使う「けんぱ」あそびです。

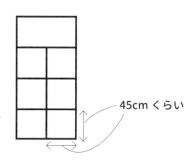

（準備）
床にカラーテープなどを貼って、
右図のようなマス目を書いておく。

※テープは剥がせるものをお使いください。

45cm くらい

① Ⓐのところに立って、お手玉をマス目（どこでもいい）に
　投げ入れる。

② お手玉の入っていないマス目に、両足でピョンと跳んで入る。

③ 同様に両足でピョンと跳んで、お手玉の入っていない次の
　マス目（横・前・ななめ前）に入る。

④ これをくり返して、お手玉の入っていないマス目を
　全部通ってⒷまで行く。
　（マス目を通る順番はどの順番でもいい）

⑤ Ⓑまで行ったら、向きを変えて同様にして、Ⓐまで戻る。

⑥ 戻る途中、お手玉の入っているマス目の手前（または横）に
　来たら、お手玉を拾って、そのマス目も通ってくる。

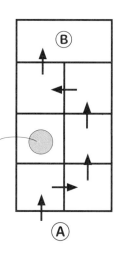

お手玉

やってみよう！
できる子なら、
片足ケンケンでも
やってみましょう。

ひ と こ と

　お手玉を投げて、お手玉の無いマス目を跳んで（両足でも片足でも）ゴールまで行くというあそびは、２歳児でも喜びます。特にお手玉は、石ころのように転がっていきませんので、幼い子でもあそびやすいです。４歳５歳の子なら片足で跳ぶこともできるでしょう。
　（＊このあそびは、和歌山お手玉の会（代表：森勝代さん）のあそびからヒントをもらいました）

第2章

わらべうたで
あそんでみよう

「うさぎとかめ」(24 ページ) や「どんぐりころころ」(25 ページ) が、速いリズムでできるようになったら、歌に合わせていろんなあそびをしてみましょう。

【使うお手玉】
大きいお手玉

うさぎとかめ（左右の手に交互に渡す）

大きいお手玉を1個持って、知っている歌を歌いながらあそびます。

♪もしもしかめよ　かめさんよ　せかいのうちに　おまえほど
あゆみののろい　ものはない　どうしてそんなに　のろいのか

●のところで右手から左手へ、△のところで左手から右手へ、交互に渡していく

右手から左手に渡す　　　　左手から右手に渡す

やってみよう！

歌う速さを
少し速くし、
お手玉を渡す回数を
増やして、
やってみましょう。

♪もしもし　かめよ　　かめさん　よ
せかいの　うちに　　おまえほ　ど
あゆみの　のろい　　ものはな　い
どうして　そんなに　のろいの　か

うさぎとかめ

作詞：石原和三郎／作曲：納所弁次郎

もしもしかめよ　かめさんよ　せかいの

うちに　おまえほど　あゆみののろい

ものはない　どうしてそんなにのろいのか

どんぐりころころ
（上に投げて両手で受け取る）

大きいお手玉を1個持って、知っている歌を歌いながらあそびます。

♪どんぐりころころ　　どんぶりこ　　おいけにはまって　　さあたいへん
　どじょうがでてきて　　こんにちは　　ぼっちゃんいっしょに　　あそびましょう

●のところで両手で上に投げて、両手で受け取る

両手で上に投げて

両手で受け取る

やってみよう！
投げ上げる回数を
増やして、
やってみましょう。

♪どんぐり　　ころころ　　どんぶり　　こ
　おいけに　　はまって　　さあたい　　へん
　どじょうが　でてきて　　こんにち　　は
　ぼっちゃん　いっしょに　あそびま　　しょう

どんぐりころころ

作詞：青木存義／作曲：梁田貞

どんぐりころころ どんぶりこ　　おいけにはまって さあたいへん　　どじょうがでてきて

こん　に　ち　は　　　ぼっ　ちゃん　いっ　しょに　あ　そ　び　ましょう

時計屋さん① （上に投げる）

大きいお手玉を1個持ちます。

1 ♪とけいやさん　いまなんじ　いちじ

歌に合わせて、左右の手に交互に渡す

2 ♪ぼーん

両手で1回投げ上げて、両手で受け取る

3 ♪とけいやさん　いまなんじ　にじ

歌に合わせて、左右の手に交互に渡す

4 ♪ぼーんぼーん

両手で2回投げ上げて、両手で受け取る

5 （同様に、12時までくり返す
　　時間の数だけ、「ぼーん」と言いながら、投げ上げる）

時計屋さん

わらべうた

とけいやさん　いまなんじ　いちじ　ぼーん
とけいやさん　いまなんじ　にーじ　ぼーん　ぼーん

時計屋さん② (相手に投げて渡す)

大きいお手玉を1個持って、大人と子どもで向かい合って座ります。

1 ♪とけいやさん　いまなんじ　いちじ　　　2 ♪ぼーん

お手玉を持っている人が、歌いながら、
自分の右手と左手に交互に渡す

お手玉を下から投げて相手に渡す
受け取る人は両手で受け取る

3 ♪とけいやさん　いまなんじ　にじ

受け取った人が、
同様に、歌いながら
左右の手に交互に渡す

4 ♪ぼーん　　　　　　　　　　　　5 ♪ぼーん

相手に投げて、　　　　　　　　　　相手から投げ返してもらう

6 (同様に、12時までくり返す
　　「とけいやさん　……　○じ」の部分は、お手玉を持っている人がやり、時間の数だけ、
　　「ぼーん」と言いながら、お手玉を相手に投げたり投げ返してもらったりする)

時計屋さん③（相手に投げて交換する）

大きいお手玉を各自1個ずつ持って、2人で向かい合って座ります。

1 ♪とけいやさん　いまなんじ　いちじ

それぞれお手玉を持ち、自分の左右の手に交互に渡す

2 ♪ぼーん

右手で下から投げて相手に渡し、　　　　両手で相手からのお手玉を受け取る

※片手で投げるのが難しい場合は、両手で投げてもいいです。

3 （同様に、12時までくり返す
　　時間の数だけ、「ぼーん」と言いながら、お手玉を投げて相手と交換する）

（楽譜は P26）

やってみよう！
2人の間の
距離を広げて
みましょう。

「にじ」を歌い始める前に2人とも少しうしろに下がって、2人の距離を少し広げ、「さんじ」を歌い始める前にまた少し下がって…、とだんだん2人の間の距離を広げていってみましょう。

1 ♪とけいやさん　いまなんじ　いちじ　ぼーん

28ページの
1、2と同じ

2 ♪とけいやさん　いまなんじ　にじ　ぼーん　ぼーん

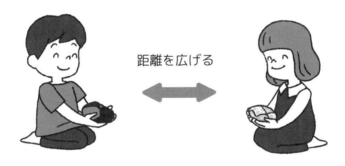

距離を広げる

それぞれ1歩ずつうしろに下がって、同様にする

3 ♪とけいやさん　いまなんじ　さんじ　ぼーん　ぼーん　ぼーん

さらに広げる

さらに1歩ずつうしろに下がって、同様にする
できるところまで同様にくり返す

米という字（お手玉を搗く）

大きいお手玉を1個持ちます。

♪こめというじを
　ほどいてみたれば
　はちじゅうはちと
　よめまする　よめまする

歌に合わせて、左右の手に交互に渡す

やってみよう！
手の甲で
やって
みましょう。

♪こめというじを　ほどいてみたれば
　はちじゅうはちと　よめまする　よめまする

※大きいお手玉では難しければ、普通サイズのお手玉を使ってください。

お手玉を右手の甲に載せ、
左手の甲へ渡し、

左手の甲から
右手の甲へ渡す

ひとこと

米作りは田植えから始まるわけではありません。まず種もみを選んで、苗にまで育てて、その間に田んぼの荒起こし、畦塗り…、それからやっと田植えです。「八十八」というのはたくさんという意味ですが、とにかく手間のかかる仕事なのです。今は機械に任せる部分も多いのでしょうが、そんなことを思いながら歌ってみましょう。

（お手玉のサイズの詳細はP4参照）

発展！
手のひらと甲を
交互に使って
やってみましょう。

♪こめというじを　ほどいてみたれば
　はちじゅうはちと　よめまする　よめまする

お手玉を利き手で持ち、
少し投げ上げて、

落ちてきたお手玉を、
手の甲で、風船をつくように
少し跳ね上げて、

落ちてきたお手玉を、
次は手のひらで跳ね上げる
これのくり返し

発展！
できるようになったら、
１番を手のひらだけで、
２番を手の甲だけで、
３番を手のひらと甲交互に、
とつなげてやってみましょう。

このあそびに続けて
「ぺったらぺったん」
（32 ページ）で
おもちを搗いて
みましょう。

米という字
わらべうた

こめ　と　い　うじ　を　ほ　どい　な　て　み　た　れ　ば　ゆ
こめ　を　つ　くる　にゃ　は　どる　か　み　あ　ほ　き　ふ　の
こめ　を　ほ　ろけ　ば　　　　か　　　と　　　と　　　

は　ちじゅ　う　は　ちち　との　よ　めま　すか　るる
は　ちじゅ　う　は　ちち　　　ば　まか　たか　るる
は　ちじゅ　う　は　ち　　　　　　　　　　

※ほろけば：こぼせば

31

ぺったらぺったん① （頭から落とす）

大きいお手玉を1個持ちます。

1 ♪ぺったら　ぺったん　もちつけ　もちつけ
　　ぺったら　ぺったん　もちつけ　もちつけ
　　もちつけ　た

左手にお手玉を載せ、
右手をグーにして
おもちを搗くようにたたく

2 ♪はい　かみだなへ

お手玉を両手で
頭に載せる

3 「今年もお米がいっぱい
　　とれますように
　　お願いしま」

手を合わせて言う

4 「す」

最後の「す」で、
頭を下げてお手玉を
床に落とす

やってみよう！

幼い子は床に落とすだけ、
できる子なら両手または
片手で受け止める、
5歳児くらいなら片手を
おへそより下に置いて受け止める
など、子どもに合わせて
変えてみましょう。

（リズム譜は P35）

発展！

お友だちの
おもちを搗いて
みましょう。

２人で向かい合って座って、１人の子が両手でお手玉を持って、
もう１人がそのお手玉を搗いてみましょう。

１ ♪ぺったら　ぺったん
　　………
　　もちつけ　た

２ ♪はい　かみだなへ
　「今年もお米がいっぱいとれ
　　ますように　お願いしま」

　　おもちを搗いていた子が
　　お手玉を自分の頭の上に
　　載せて言う

３「す」

頭を下げてお手玉を床に落とす

発展！

お友だちと
おもちを搗き合って
みましょう。

２人で向かって座って、それぞれお手玉を左手に持って、
右手で相手のお手玉を搗いてみましょう。
「はい　かみだなへ」は、それぞれお手玉を自分の頭に載せ、
「す」で床に落とします。

ぺったらぺったん② (2個重ねる)

大きいお手玉を2個持ちます。

1 ♪ぺったら　ぺったん
　　もちつけ　もちつけ
　　ぺったら　ぺったん
　　もちつけ　もちつけ
　　もちつけ　た

お手玉を2個左手に載せて、右手でおもちを搗くようにたたく

2 ♪はい　かみだなへ

2個とも頭に載せる

3「今年もお米がいっぱいとれますように
　お願いしま」

手を合わせて言う

4「す」

頭を下げてお手玉を
2個とも床に落とす

やってみよう！
両手で
受け止めて
みましょう。

34

（準備）
お手玉を1個持ち、もう1個は手の届くところに置いておく。

発展！
1個目のおもちを頭に載せながら、2個目のおもちを搗いてみましょう。

1 ♪ぺったら　ぺったん
　　………
　　はい　かみだなへ

　1個目のお手玉で、おもちを搗いて頭に載せるところまでする

2 ♪ぺったら　ぺったん
　　……
　　もちつけ　た

お手玉を頭に載せたまま、もう1個のお手玉で、おもちを搗く

3 ♪はい　かみだなへ

1個目のお手玉の上に重ねる

4「今年もお米がいっぱいとれますようにお願いしま」

5「す」

ぺったらぺったん

わらべうた

ぺったら　ぺったん　もちつけ　もちつけ　もちつけ　た（はい）

かみだな　へ　　　　（今年もお米がいっぱいとれますように　お願いします）
とだな　　へ　となりの　ねずみが　ひいてっ　た
おとなり　へ　となりの　ひとに　おすそわ　け

※（　）の部分は、リズムに関係なく唱えます。

ぺったらぺったん③（右隣から取る）

数人であそびます。各自が大きいお手玉を1個ずつ持って、輪になって座ります。

1 ♪ぺったら　ぺったん
　もちつけ　もちつけ
　ぺったら　ぺったん
　もちつけ　もちつけ
　もちつけ　た

左手にお手玉を載せ、
右手をグーにして
おもちを搗くようにたたく

2 ♪はい　とだなへ

お手玉を自分の左肩に載せる

3 ♪となりのねずみが

右隣の人のお手玉をつまんで

4 ♪ひいてった

自分の左手に載せる

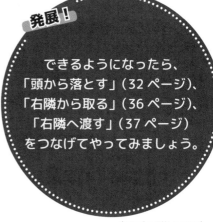

発展！

できるようになったら、
「頭から落とす」（32ページ）、
「右隣から取る」（36ページ）、
「右隣へ渡す」（37ページ）
をつなげてやってみましょう。

（リズム譜は P35）

ぺったらぺったん④ （右隣へ渡す）

数人であそびます。各自が大きいお手玉を1個ずつ持って、輪になって座ります。

1 ♪ぺったら　ぺったん　もちつけ　もちつけ
　　ぺったら　ぺったん　もちつけ　もちつけ
　　もちつけ　た

左手にお手玉を載せ、
右手をグーにして
おもちを搗くようにたたく

2 ♪はい　おとなりへ

右手でお手玉をつまみ、右隣の人の左手に渡す
（小さい子はここまででおしまいにする）

ひとこと

リズムに合わせて次々にお手玉を
隣に渡すのは難しいので、小さい子
は、「はいおとなりへ」で1回だけ
渡して終わりにしましょう。
大きい子なら、「となりのひとに」
でもう1回、「おすそわけ」でもう
1回と、合計3回渡すあそびに挑戦
してみましょう。

少し大きい子なら、
もう2回
右隣の人にお手玉を
渡してみましょう。

3 ♪となりのひとに

2 でもらったお手玉を、
また右隣の人の左手に渡す

4 ♪おすそわけ

3 でもらったお手玉を、
また右隣の人の左手に渡す

（リズム譜は P35）

もち数え歌① （頭に載せていく）

お手玉を1個ずつ、みんなに配るときに使えるあそびです。
大人が大きいお手玉を人数分持って、子どもは輪になって座ります。

1 ひとつ　ひいなの　ひしのもち

お手玉を1個、子どもの頭の上に載せる

2 ふたつ　ふくふく　だいふくもち

隣の子の頭の上にも、1個載せる

3 みっつ　みごとな　かざりもち

さらにその隣の子の頭の上にも、載せる

4 よっつ　よいこの　かしわもち

　　　………

　以下同様に、1個ずつ頭の上に載せていく

※人数が10人に満たない場合は、例えば7人なら、「ななつ　ななくさ　ぞうにもち」まででおしまいにします。人数が10人以上の場合は、11人目からは、また「ひとつ　ひいなの…」とくり返します。

もち数え歌② _{かぞ}（頭をなでていく）

オニ役の人が大きいお手玉を1個持って、ほかの子どもは輪になって座ります。

1 ひとつ　ひいなの　ひしのもち
　ふたつ　ふくふく　だいふくもち
　　　……

　ここのつ　こうばし　くさのもち

　オニがお手玉で子どもの頭をなでる
　「ふたつ…」はその隣の子の頭をなでて、
　「ここのつ…」まで順番に隣の子の頭を
　なでていく

2 とおで　とっつぁまの
　たっぽもち

お手玉で頭を
そっとたたく

お手玉を使わず、
手で頭をなでていくだけでも
楽しいです。
その場合は「たっぽもち」の
ところは、げんこつで
そっと頭をたたきます。

3 （「たっぽもち」に当たった子どもが、
　オニの役をできるようなら、
　次のオニになって、お手玉を持って
　みんなの頭をなでていく）

もち数え歌 _{かぞ}

ひとつ　ひいなの　ひしのもち　ふたつ　ふくふく　だいふくもち
みっつ　みごとな　かざりもち　よっつ　よいこの　かしわもち
いつつ　いそべは　のりのもち　むっつ　むせるな　きなこもち
ななつ　ななくさ　ぞうにもち　やっつ　やらかい　あんこもち
ここのつ　こうばし　くさのもち　とおで　とっつぁまの　たっぽもち

※たっぽもち：げんこつ

桃太郎① （相手と交換する）

大きいお手玉を各自1個ずつ持って、2人で向かい合って座ります。

1 ♪ももたろうさん　ももたろう

左手にお手玉を載せ、右手でつまんで、
リズムに合わせて左手の上で上下させる

2 ♪さん

●のところで相手の左手に渡す

※左手は左ひざの上に置き、動かしません。

3 ♪おこしにつけた　きびだんご　ひとつわたしに　くださいな

同様に、お手玉を右手でつまんで上下させ、●のところで相手の左手に渡す

お手玉の交換が
難しければ、
2人で1個のお手玉を
渡し合うだけで
あそんでみましょう。

やってみよう！

歌う速さを
速くして
やってみましょう。

ひとこと

　私が子どものころは、この小学唱歌「桃太郎」を歌いながら、手合わせをしたり、お手玉をしたり、まりつきをしたりしてあそびました。そのころは「だれでも知っている歌」だったのであそびやすかったのですが、2番3番と歌い続けていくと、侵略戦争が色濃く残っている歌でした。それでこのごろは1番だけしか歌わないことにしています。

桃太郎② (右隣へ渡す)

数人であそびます。各自が大きいお手玉を1個ずつ持って、輪になって座ります。

♪ももたろうさん　ももたろうさん
おこしにつけた　きびだんご
ひとつわたしに　くださいな

やり方は40ページと同様で、
●のところで右隣の人の
左手に渡す

※左手は左ひざの上に置き、
　動かしません。

ひ と こ と

　歌に合わせて、リズミカルにお手玉を渡して（まわして）いくあそびは、いくらゆっくり歌っても、子どもだけではなかなか難しいと思います。子どもと子どもの間に大人が入って、調節しながらあそぶと、より楽しくあそべます。
　反時計まわりでまわすときは、右隣の人の左手に渡します。つまり右手は「渡す手」ですから、いつもお手玉を持って動かしていますが、左手は「もらう手（受け取る手）」ですから動かしません。左側の人が渡しやすいように（自分がもらいやすいように）、いつも左ひざの上に置いておきましょう。お手玉を右手で上下させるときも、その動かさない左手をたたくようにしながら上下させましょう。お手玉を落としてしまったときも、左手では拾わないで、右手で拾います。落としたお手玉を拾うために左手を使うと、次々と渡されるお手玉が次々と落ちてしまいます。

桃太郎

文部省唱歌　作曲：岡野貞一

も も た ろ う さ ん　も も た ろ う さ ん　お こ し に つ け た

き び だ ん ご　ひ と つ　わ た し に く だ さ い な

あんたがたどこさ ①（相手と交換する）

大きいお手玉を各自1個ずつ持って、2人で向かい合って座ります。
（お手玉交換が難しければ、2人で1個のお手玉を渡し合うだけであそんでみましょう）

1 ♪あんたがたどこさ　ひごさ　ひごどこさ　くまもとさ　くまもとどこさ
　　せんばさ　せんばやまには　たぬきがおってさ　それをりょうしが
　　てっぽうでうってさ　にてさ　やいてさ　くってさ　それをあたまに

※左手は左ひ
ざの上に置
き、動かし
ません。

左手にお手玉を載せ、右手つまんで、
リズムに合わせて左手の上で上下させる

●のところ（歌詞の「さ」のところ）で
相手の左手に渡す

2 ♪ちょいとのせよ

お手玉を頭に載せる

3 「はい　おしまい」

おじぎをして、お手玉を落とし、
両手で受け止める

やってみよう！
最後の部分を、
替えてあそんで
みましょう。

♪それをおなかに
　ちょいと
　かくそ

♪それをせなかで
　ちょいと
　うけよ

（＊一般的に歌われている歌詞は「それをこのはで　ちょいとかぶせ」ですが、替えています）

あんたがたどこさ② （右隣へ渡す）

数人であそびます。各自が大きいお手玉を1個ずつ持って、輪になって座ります。

♪あんたがたどこさ　ひごさ　ひごどこさ　くまもとさ　くまもとどこさ
　せんばさ　せんばやまには　たぬきがおってさ　それをりょうしが
　てっぽうでうってさ　にてさ　やいてさ　くってさ　それをあたまに
　ちょいとのせよ
　はい　おしまい

やり方は42ページと同様で、●のところで右隣の人の左手に渡す

※左手は左ひざの上に置き、動かしません。

あんたがたどこさ

わらべうた

あん た が た　どこ さ　ひご さ　ひごどこ さ　くま もと さ

くまもと どこさ　せんばさ　せんば やまには　たぬきが

おってさ　それを りょうしが　てっぽうで うってさ　にてさ

やいてさ　くってさ　それを このはで　ちょいとか　ぶせ

梅にうぐいす（右隣へ渡す）

数人であそびます。各自が大きいお手玉を1個ずつ持って、輪になって座ります。

♪ひぃ　ふぅ　みぃ　よぉ
　よものけしきを　はるとながめて
　うめにうぐいす　ホーホケキョ

左手の上にお手玉を置いて、
●のところで右手でつかんで
右隣の人の左手に渡す

※左手は左ひざの上に置き、動かしません。

＜ルール＞

・途中でお手玉を落としたら、右手で拾って、次に渡されたお手玉と一緒に右隣の人に
　渡します。もらった人はそのまま、2個のお手玉をまた右隣へ。

・お手玉がもらえなかった場合でも、右手は歌に合わせて動かします。

・歌い終わったときに、お手玉を2個以上持っている人は、「欲張りの○○です」と言います。

・1個も持っていない人は、「ぼんやりの○○です」と言います。

欲張りの
○○です

ぼんやりの
○○です

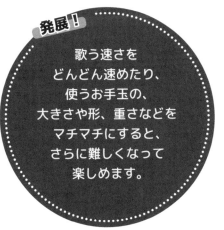

発展！

歌う速さを
どんどん速めたり、
使うお手玉の、
大きさや形、重さなどを
マチマチにすると、
さらに難しくなって
楽しめます。

ひとこと

　この罰ゲームは少々理不尽です。「ホーホケキョ」でゲームが終わったとき、手元に2個以上お手玉を持っている人は「欲張り」にさせられるし、お手玉がまわってこなくて、手元に何もなければ「ぼんやり」にさせられます。だれかがお手玉を落としたり、リズムに合わせられなかったりして、うまくまわせないでいると、そのしわ寄せが何人かあとの人に影響するのです。「おれが欲張ったわけじゃないよ、Aちゃんがお手玉を拾うのにもたもたしていたから」とAちゃんを非難したり、「私はちゃんとまわしていたのに…」と不満を言う人もいます。「これは、そういうあそびなの、他人を責めないで、自分の運命を潔く受け止めるあそびなのよ」と言って納得してもらいます。楽しみながら、そういう寛容な心も育てることができるあそびなのです。はじめはぶつぶつ文句を言っていた子も、あそび込んでいるうちに、そんなことはどうでもよくなって「欲張りの太郎でーす」とか「またまたぼんやりの花子でーす」と笑いながら言えるようになります。

梅にうぐいす

わらべうた

ひ　いふ　う　み　いよ　お　　よも　のけ　し　き　を
はる　となが　めて　　うめ　にう　ぐ　い　す　ホーホケキョ

加藤清正① （右隣または左隣へ渡す）

数人であそびます。各自がお手玉を1個ずつ持って、輪になって座ります。
リーダーは輪のまん中に立ち、歌を歌います。
（人数が少ない場合は、リーダーも輪に入って一緒にやります）

♪かとうきよまさ　おんまにのって　ほい
　あとからけらいが　やりもって　ほい
　あとからけらいが　やりもって　ほい

左手にお手玉を載せ、右手でつまんで、
リズムに合わせて左手の上で上下させ、
●のところ（歌詞の「ほい」のところ）
で右隣の人の左手に渡す
リーダーが「かとうきよまさ〜」と歌ったら
逆まわり。お手玉を右手に載せ替えて左手で
つまみ、「ほい」で左隣へ渡す

※お手玉を受け取る手は、
　ひざの上に置いておきます。

＜ルール＞

・「あとからけらいが〜」は続けて何回歌ってもいいです。

・「あとからけらいが〜」を歌っている間は、同じ方向にお手玉をまわしていきます。

・「かとうきよまさ〜」と歌ったら、お手玉を左右持ち替えて、逆方向にまわします。

ひとこと

　　リーダーは全員に目を配りながら、時計まわりがリズムに乗ってきたら「かとうきよまさ…」と歌って反対にまわします。混乱が収まったころ、また「かとうきよまさ…」と歌います。大人だけなら多少の混乱も楽しめますが、子どもが参加しているときには、リズムが落ち着くのを待ちましょう。お隣からお手玉を受け取る手はいつもひざの上（反時計まわりの場合は、左手を左ひざの上）に置いておかないと混乱します。また、「時計まわりにするときは、左手で隣の人の右手に載せる」と、最初に説明しておいたほうがいいかもしれません。

　　47ページのあそびは落とすことと拾うこと、両方には気がまわりませんから、拾うことに集中しましょう。落とすのは、とにかく背中から落とせばいいのですから、あとは拾ってくれるうしろの人にお任せするとして、自分は拾うほうに集中すると、うまくまわります。これも、リーダーが「かとうきよまさ…」と歌ったら方向を変えなければなりませんが、体ごと向きを変えなければならないので、ちょっと難しくなります。

加藤清正②（うしろの人に渡す）

数人であそびます。各自が大きいお手玉を1個ずつ持って、輪になって座ります。
座り方は、左肩が輪の中心になる向きで、前の人の背中を見るようにします。
リーダーは輪のまん中に立ち、歌を歌います。
（人数が少ない場合は、リーダーも輪に入って一緒にやります）

♪かとうきよまさ　おんまにのって　ほい
　あとからけらいが　やりもって　ほい
　あとからけらいが　やりもって　ほい

左手にお手玉を載せ、右手でつまんで、
リズムに合わせて左手の上で上下させ、
●のところ（歌詞の「ほい」のところ）で、
お手玉を、右肩から背中をすべらせるように
落とし、それと同時に、前の人の背中から
落ちてくるお手玉を左手で受け止める

＜ルール＞
・リーダーが「かとうきよまさ〜」と歌ったら、座っている向きを変えます。
　（左肩が輪の中心になる向きから、右肩が輪の中心になる向き、またはその逆）
・あとは、46ページのあそび方と同じです。

加藤清正

わらべうた

か　とう　きよ　まさ　おんまに　のって　ほい
あと　から　けら　いが　やり　もって　ほい

「加藤清正」のまりつきあそび

「加藤清正」のあそびは、まりつきではこんなふうにあそびます。
まりを1個使って、数人であそびます。同じ方向を向いて1列に並びます。

1 ♪かとうきよまさ　おんまにのって

歌いながらまりをつく

2 ♪ほい

股の下ではずむようにまりをつき、
うしろの人へ渡す

3 ♪あとからけらいが　やりもって　ほい

まりをもらった人は、止めずに、
そのまま歌ってまりをつき、「ほ
い」で股の下を通してうしろの人
へ……、と、順にうしろの人へ渡
していく

4 ♪かとうきよまさ　……

一番うしろの人がまりを受け
取ったら、「かとうきよまさ〜」
と歌い、全員で、くるっと向き
を反対に変えて、同様に順にう
しろの人にまりを渡していく

ひとこと

　「加藤清正」は、まりつきでもよく歌いましたが、かなり上手な子でないとあそべませ
ん。本格的なルールとしては、両足を地面につけてまりをくぐらせるのですが、難しけれ
ば、片足を上げてうしろに送ってもいいことになっていました。
　わらべうたあそびというのは、野球やバスケットボールのように、ルールありきでルー
ルを知らないと仲間に入れてもらえない、なんていうことはなく、これができないなら、
こういうルールにしようと、子ども同士で変えながらあそびを作ってきました。

第3章

お手玉で
おはなし

お手玉を使ってゴリラに
なったり、ネコの形やサルの
形のお手玉でおはなしをし
たり、お手玉ヨーヨーで歌っ
て踊ったり、いろんなお手
玉であそんでみましょう。

【使うお手玉】
いろんな形の
お手玉

ゴリラジャグリング

大きいお手玉を 3 個持ちます。

お手玉の動かし方

まず、お手玉の動かし方を練習しましょう。

（準備）
最初に、両腋（わき）にお手玉を
1 個ずつはさみ、右手に
もう 1 個を持っておく。

①まっすぐ落として	②ななめに入れる	③まっすぐ落として	④ななめに入れる

左腋のお手玉を、左手のひらに落とす	右手のお手玉を、左腋にはさむ	右腋のお手玉を、右手のひらに落とす	左手のお手玉を、右腋にはさむ

①〜④のくり返しです。あいている手にお手玉を「まっすぐ落として」、あいた腋に
お手玉を「ななめに入れる」です。

ひとこと

　これは、アメリカの語り手、ケン・オーガスさんに教わりました。ケンさんは私の友だ
ちフランさんの弟で、主に小児科病棟などで語っている方でした。

ゴリラらしく
やってみましょう。

・まっすぐ落とすときに「ウッ」、ななめに入れるときに「ホッ」
　と言います。

・脚をガニ股に開いて、少し曲げながら、「ウッ」「ホッ」と言います。
　このとき、お手玉を落とす側にからだを傾け、反対側の脚を少し上げると、
　よりゴリラらしくなります。

発展！

歌いながら
やってみましょう。

♪ウッ・ホッ△　ウッ・ホッ△　ウッ・ホッ△　ウッ・ホッ△
　ゴリラは・　きょうも△　ウッ・ホッッホッ　ウッ・ホッッホッ
　おおきな・　こえで△　ウッ・ホッッホッ　ホォー♪
　ウッ・ホッ△　ウッ・ホッ△　ウッ・ホッ△　ウッ・ホッ△

（●のところでまっすぐ落とし、△のところでななめに入れる）

ゴリラお手玉

作詞／作曲：山本真理子

いっぴきたりない
〈ネコの形のお手玉〉

ネコの形のお手玉5個を、母ネコの袋に入れておきます。

1 これは、お母さんネコです。
（母ネコを見せる）

2 子ネコは5匹います。
赤いネコ、青いネコ、黄色いネコ、
桃色のネコ、緑のネコ。
（子ネコを1匹ずつ並べる）

3 お母さんネコが言いました。
母「あなたたちはね、1匹、2匹、3匹、4匹、5匹。
（母ネコを持って、子ネコを数える）
5匹のきょうだいなんですからね。
あそびに行くときには、ちゃんと5匹いるかどうか、
数えてから行きなさいね」

4 そう言うと、お仕事をしに行ってしまいました。（母ネコを隠す）

5 子ネコたちはあそびに行くことにしました。
赤「あそびに行こう。でも、あそびに行く前に
数えろって言ってたよね。
1匹、2匹、3匹、4匹、
（赤いネコを持って、数える）
あれえ～、1匹たりない、にゃんにゃんにゃん」

6 青「ぼくが数えればちゃんと5匹いるよ。
1匹、2匹、3匹、4匹…、（同様に、青いネコを持って数える）
えーっ、4匹しかいなーい。1匹たりない、にゃんにゃんにゃん」

7 黄「ぼくが数えてみるよ。

　　1匹、2匹、3匹、4匹…、（同様に、黄色いネコを持って数える）

　　やっぱり4匹だぁ。1匹たりない、にゃんにゃんにゃん」

8 桃「ゆっくり数えればちゃんと5匹いるわよ。

　　1匹でしょう、2匹でしょう、3匹でしょう、4匹でしょう…、

　　（同様に、桃色のネコを持って数える）

　　あらららやっぱり4匹しかいなーい。1匹たりない、にゃんにゃんにゃん」

9 緑「もっとしっかり数えるんだ。

　　1匹！　2匹！　3匹！　4匹！　……、（同様に、緑のネコを持って数える）

　　やっぱりいなーい。1匹たりない、にゃんにゃんにゃん」

10 子ネコたち「えーん、えーん」

　　子ネコたちが泣いていると、お母さんネコが帰ってきました。

　　母「どうしたの、なんで泣いているの？」（母ネコを持って子ネコたちに聞く）

11 赤「1匹たりないんだよ」

　　青「だれかがいないんだよ」

　　黄「でもみんないるんだよ」

　　桃「おかしいのよ」

　　緑「何回数えてもたりないんだよ」

　　（それぞれの子ネコを持ちながら、母ネコに言う）

12 母「じゃあお母さんが数えてみるからね。

　　1匹、2匹、3匹、4匹、5匹。

　　（母ネコを持って、子ネコを1匹ずつ

　　指さしながら数える）

　　ちゃんと5匹いるじゃない。

　　どうして4匹しかいなかったのかねえ？」

13 子ネコたちは、お母さんに数えてもらって、

　　安心してみんなで仲良くあそびました。

ひとこと

　しっかりだまされてくれるのは3歳ぐらいまでですけれど、4歳でも5歳でも「自分を数えてないよー」などとアドバイスをしてくれながら楽しんでいます。

　「子ネコたち、数えるのはヘタだったけど、サーカスは上手なのよ」と言いながら、「ネコのサーカス」（54ページ）など、ほかのあそびにつなげます。

ネコのサーカス
〈ネコの形のお手玉〉

ネコの形のお手玉を３個用意して、最初は１個だけ持ちます。

1 これからネコさんたちが
　　サーカスをするよ。
　　ピョ〜ン。

　　　（１匹を右手で少し投げ上げながら、
　　　　左手に渡す）

2 ピョ〜ン。

　　　（左手から右手に投げて渡す
　　　　これを何回かくり返す）

3 少し距離を広げてみるね。
　　ピョ〜ン　ピョ〜ン。

　　　（両手の間を少し広げて同様にする
　　　　これを何回かくり返す）

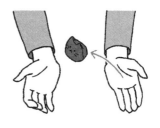

4 今度は２匹でやるよ。
　　ピョ〜ン　ピョ〜ン。

　　　（２匹一緒に持って、同様にする
　　　　これを何回かくり返す）

5 今度は３匹で、できるかな？
　　ピョ〜ン　ピョ〜ン。

　　　（同様に、３匹一緒に投げる）

6 もっと高く飛んでみるよ。ピョ～～ン。

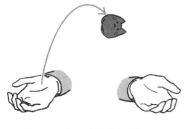

右手で高く投げ上げて、　　　　左手で受け取って、　　　　右手に渡す
　　　　　　　　　　　　　　　　　　　　　　　　　　　　　これを何回かくり返す

7 2匹でやってみるね。ピョ～～ン。

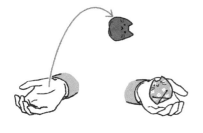

両手に1匹ずつ持って、　　　左手のネコを右手に渡し、　　落ちてくるネコを
右手のネコを上に投げて、　　　　　　　　　　　　　　　　左手で受け取る
　　　　　　　　　　　　　　　　　　　　　　　　　　　　これを何回かくり返す

※ 3つ玉のお手玉ができるなら、このあと、
　 3匹でやって見せると、尊敬されます！

8 今度は遠くに飛ぶよ。
　　　ピョ～～ン。
　　　（1匹をだれかに投げて渡して、
　　　　投げて返してもらう）

やってみよう！
お手玉あそびを
しながら
かたづけて
みましょう。

（準備）お手玉を入れる箱を机の上に置いておく。

①「ネコさん、おうちに帰ります」と言いながら、
　 子ネコ1匹（たとえば赤）を投げ上げて、
②その間に、机の上の子ネコ1匹を急いで箱に入れ、
③落ちてくる子ネコ（赤い子ネコ）を受け取る。
④同様にやって、4匹まで箱に入れたら、
⑤最後（赤い子ネコ）は、「バイバーイ」と言って箱に入れる。

おさるとお風呂
〈サルの形のお手玉〉

サルの形のお手玉を３個と、牛乳パックのお風呂を用意します。

（準備）
牛乳パックで作ったお風呂を出しておく。

1 ♪さるがいっぴきやってきた
　　　（サルを１匹出して）

2 ♪てんこてん
　　　（上下逆さにして元に戻す）

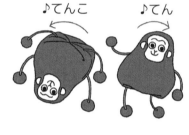

♪てんこ　　♪てん

3 ♪ゆーさはいるゆさはいる　いっぴきめがドボン
　　　（お風呂のほうに歩いて行って、ドボンと入る）

4 ♪さるがいっぴきやってきた　てんこてん
　　　ゆーさはいるゆさはいる　にぃひきめがドボン
　　　……（２匹目、３匹目も同様にする）

5 ♪どんぶかっかすっかっか
　　　あったまってあがれ
　　　（お風呂を箱ごと左右に揺らす）

6 ♪さるがいっぴきあがった　てんこてん
　　　（１匹を箱から出して、上下逆さにして元に戻す）

7 ♪いーいきもちいいきもち　いっぴきめがキャッ
　　　（歌いながらお風呂から遠ざかり、サルを隠す）

8 ♪さるがいっぴきあーがった　てんこてん
　　　いーいきもちいいきもち　にぃひきめがキャッ
　　　……（２匹目、３匹目も同様にする）

子どもたちが
サルになって
あそぶのも
楽しいです。

（準備）大人２人が手をつないで、お風呂になる。

① 子どもたちが１人ずつ出てきて「てんこてん」で両手を頭に
　上げてサルのまねをし、それからお風呂に入る。

②「どんぶかっかすっかっか」でお風呂をゆする。

　※年齢に合わせて静かにゆすったり、少し乱暴にゆすったりします。

③ １人ずつお風呂から出て、「てんこてん」で両手を頭に上げ
　てサルのまねをし、元の場所に戻る。

ひとこと

　子どもたちがサルになるあそびは、「どんぶかっかすっかっか」で、あっちに揺れたりこっちに揺れたりして、そこが楽しいところです。参加したい子どもが大勢いるときには、１人ずつではなく「さるが５ひきやってきた」と歌って一緒に出てきてもらい、一緒にお風呂に入ってもらいます。大人が３人で手をつなぐと大きなお風呂になって、５歳６歳の子なら、１０人ぐらい入れます。こうなると押しくらまんじゅうのようで、また楽しいのですが、お風呂をゆするとお風呂の中で転ぶ子がいるかもしれませんから、気をつけます。

おさるとお風呂

作詞／作曲：藤田浩子

さ　る　がいっ　ぴ　きやっ　て　　き　た　　てん　こ　てん
さ　る　がいっ　ぴ　きあ　が　　っ　た　　てん　こ　てん

ゆ　さ　は　いる　ゆ　さはいる　　　いっ　ぴ　きめ　が　ドボン
い　い　き　もち　い　いきもち　　　いっ　ぴ　きめ　が　キャッ

（※「あがった」の音程は、ラララ）

どんぶかっかすっかっか

わらべうた

ど　ん　ぶ　かっ　か　　すっ　かっ　か　　あっ　た　まっ　て　あ　が　れ

お手玉ヨーヨー
どんぐりころころ

お手玉ヨーヨー（普通サイズのお手玉に、輪ゴムをつけたもの）を1個持って、
知っている歌を歌いながらあそびます。

1 ♪どんぐりころころ　どんぶりこ

リズムに合わせて
下向きにつく

2 ♪おいけにはまって　さあたいへん

前に向けてつく

3 ♪どじょうがでてきて　こんにちは

右向きにつく

4 ♪ぼっちゃんいっしょに　あそびましょう

上向きにつく

お手玉ヨーヨーの作り方

①俵型のお手玉の、縫いとじている
　ところに、少し太い糸で輪っかを
　つける。

②輪ゴム3本（ⒶⒷⒸ）をつなぎ合
　わせて、①の輪っかにつなげる。

③輪ゴムⒶの途中を結び、指を入れ
　る輪を作る。

（俵型のお手玉の作り方は P80）

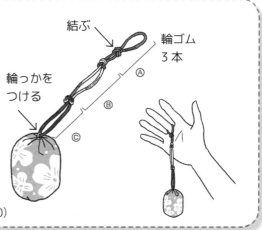

結ぶ

輪ゴム
3本

輪っかを
つける

Ⓐ

Ⓑ

Ⓒ

（「どんぐりころころ」の楽譜は P25）

発展！
両手に持って
歌いながら
いろんな方向に
ついてみましょう。

ひ と こ と

　お手玉ヨーヨーをはじめて見せていただいたのは、もう２０年か３０年前、松本市のおはなし会でした。そのお手玉をいただいてきてあそんでみましたが、これがなかなか難しい。そのうち和歌山お手玉の会の森勝代さんにお目にかかり、森さんたちのグループの方たち数人が、リズムに合わせ、体をゆすりながら（踊りながら？）、お手玉ヨーヨーを上手に操（あやつ）っているのを見せていただきました。スゲー！　と思いました。

　森さんたちは、毎年「お手玉交流会」を開き、お手玉の普及に力を入れていらっしゃいます。ペットボトルでお手玉受け（下欄）を作ったり、針金ハンガーとストッキングでお手玉用ラケットを作ったり、石けりのようにしてあそんだり、お手玉でのいろいろなあそびを紹介しています。保育園の子どもたちも楽しそうにあそんでいました。

　いま私たちのグループでも、門井すみ子さんがお手玉ヨーヨーをマスターして仲間に広めてくださっています。私はトシとともに手が効（き）かなくなり、「昔は両手４つ玉も片手３つ玉もできたのに…」とぼやきながらの落ちこぼれですが、森さんのおかげで、お手玉の世界が広がり、楽しんでおります。

（＊お手玉ヨーヨーのあそび方は、和歌山お手玉の会のあそびをアレンジしたものです）

お手玉キャッチャーの作り方

　２ℓサイズのペットボトルを、半分くらいに切って、切り口にビニールテープを巻く。

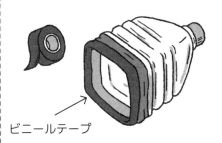

ビニールテープ

１人が持って、もう１人がお手玉（普通サイズのお手玉）を投げ入れる

（お手玉のサイズの詳細は P4 参照）

お手玉ダンス①
ウサギのダンス

大きいお手玉2個を、両手に1個ずつつまんで持ちます。

「黄色さんこんにちは」
「青さんこんにちは」
お手玉ダンスであそびましょう。
♪ソソラソラソラ　うさぎのダンス〜

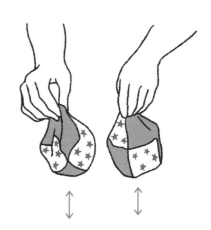

お手玉をウサギに見立てて、
机や床の上で、歌いながら、
跳んだりはねたり、
右へ行ったり左へ行ったり、
ぶらぶらさせたりする

ひとこと

片方をウサギにして、もう片方をカメにして、「もしもしかめよかめさんよ」と会話形式に歌いながら、走って行ったり、追い越されたりしても楽しめます。

うさぎのダンス

作詞：野口雨情／作曲：中山晋平

お手玉ダンス②
あんたがたどこさ

大きいお手玉２個を、両手に１個ずつつまんで持ちます。

♪あんたがたどこさ　ひごさ　ひごどこさ　くまもとさ　くまもとどこさ
せんばさ　せんばやまには　たぬきがおってさ　それをりょうしが
てっぽうでうってさ　にてさ　やいてさ　くってさ　それをこのはで
ちょいとかぶせ

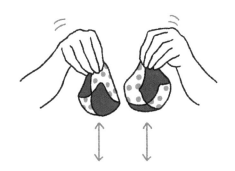

机の上でリズムに合わせて上下させる

「さ」のところで左右に広げたり、
前に出したりする
それ以外のところは、元の位置で
上下させる

お手玉さんのおさんぽ

大きいお手玉を1個持ちます。

♪お手玉さんがおさんぽするとき　歩いて行きます

　てくてくてくてく　てくてくてくてく

　お手玉さんがおさんぽするとき　走って行きます

　てくてくてくてく　てくてくてくてく

　お手玉さんがおさんぽするとき　のんびり歩きます

　て〜くて〜くて〜くて〜く

「今日は天気がいいのでお山に登ってみよう」

て〜くて〜くて〜くて〜く

「頂上に着いた、ヤッホー　いい眺めだな

　こんなところにも道がある

　こっちの道から下りてみよう」

　てくてくてくてく　てくてくてくてく

「帰りはらくちん　　あー楽しかった」

お手玉を人形に見立てて、
あちこち歩かせる

ひとこと

　歩くときは机の上や、聞き手が少人数なら大人が伸ばした脚（あし）の上を歩いてもいいでしょう。カメのようにゆっくり歩いたり、カタツムリのようにずるずる這（は）いまわったり、ウサギのようにピョンピョン跳びながら歩いたり、急いで歩いたり、のんびり歩いたり、いろんな歩き方をしてみましょう。山登りは、聞き手のだれかに山になってもらって、その子の左腕から頭に登って右腕から下りてきても喜ばれます。山のてっぺんで「ヤッホー」と言ったり、あちこち眺めたりするとより楽しくなります。

お手玉さんのおさんぽ

作詞／作曲：藤田浩子

おてだまさんが　おさんぽするとき　あるいていきーま　す
おてだまさんが　おさんぽするとき　はしっていきーま　す
おてだまさんが　おさんぽするとき　のんびりあるきま　す

第4章

伝承の
お手玉歌で
あそんでみよう

楽しい歌詞のお手玉歌
を使って、かんたんなお
手玉あそびをやってみま
しょう。

【使うお手玉】
普通サイズの
お手玉

いも　いもにんじん

普通サイズのお手玉を1個持ちます。

♪いも
○いも　にんじん
○いも　にんじん　さんしょ
○いも　にんじん　さんしょ　しいたけ
○いも　にんじん　さんしょ　しいたけ　ごんぼ
○いも　にんじん　さんしょ　しいたけ　ごんぼ　むぎ
○いも　にんじん　さんしょ　しいたけ　ごんぼ　むぎ　なす
○いも　にんじん　さんしょ　しいたけ　ごんぼ　むぎ　なす　はす
○いも　にんじん　さんしょ　しいたけ　ごんぼ　むぎ　なす　はす　くり
○いも　にんじん　さんしょ　しいたけ　ごんぼ　むぎ　なす　はす　くり　とうがん

> 普通サイズ（大人の手のひらに納まるくらい）のお手玉を使います。（サイズの詳細は4ページ参照）

<ルール>　（○：右手へ　　●：右手で上げる　　△：左手へ　　▲：左手で上げる）

・「にんじん」「さんしょ」など、その名前がはじめて出てきたときは、右手から左手に渡し（△のところ）、そのあと左手で1回投げ上げる（▲のところ）。

・一番最初の「いも」は、左手で2回投げ上げる。2回目以降の「いも」は、左手から右手に渡す（○のところ）。

・それ以外の野菜は、2回目以降に出てきたときは、右手で1回投げ上げる（●のところ）。

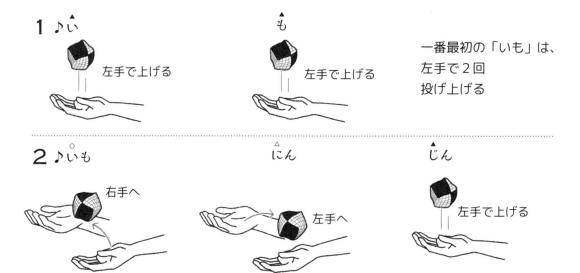

1 ♪い　左手で上げる　　も　左手で上げる　　一番最初の「いも」は、左手で2回投げ上げる

2 ♪いも　右手へ　　にん　左手へ　　じん　左手で上げる

2回目以降の「いも」は、左手から右手に渡し、　「にんじん」ははじめて出てきたので、右手から左手に渡し、　そのあと左手で1回投げ上げる

3 ♪い○も　　　　にん・じん　　　　△さん　　　　　▲しょ
　右手へ　　　　右手で上げる　　　　左手へ　　　　左手で上げる

4 ♪い○も　　　にん・じん　　　　・さんしょ　　　△しい　　　▲たけ
　右手へ　　　右手で上げる　　　右手で上げる　　左手へ　　左手で上げる

5（以下同様に続ける）

発展！
右手の
手のひらと甲で
やってみましょう。

左手部分を右手の甲に変えてやってみましょう。
・「右手から左手に渡す」のところは、「右手のひらから右
　手の甲に渡す」に。
・「左手で投げ上げる」ところは、「右手の甲で投げ上げる」に。
・4番の歌詞「いも　にんじん　さんしょ　しいたけ」のと
　ころは、以下のようになります。

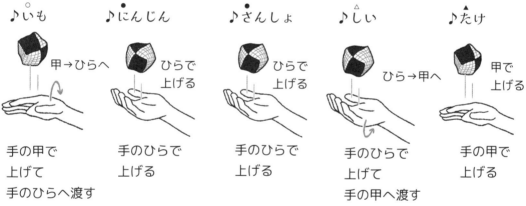

♪い○も　　　　♪にん・じん　　　　♪・さんしょ　　　　♪△しい　　　　♪▲たけ

甲→ひらへ　　　ひらで　　　　　ひらで　　　　ひら→甲へ　　　甲で
　　　　　　　　上げる　　　　　上げる　　　　　　　　　　　上げる

手の甲で　　　手のひらで　　　手のひらで　　　手のひらで　　　手の甲で
上げて　　　　上げる　　　　　上げる　　　　　上げて　　　　　上げる
手のひらへ渡す　　　　　　　　　　　　　　　手の甲へ渡す

（○：甲からひらへ渡す　　●：ひらで上げる　　△：ひらから甲へ渡す　　▲：甲で上げる）

ひとこと

　これと同じあそびで「伊勢、新潟、三河、信州、神戸、武蔵、名古屋、函館、九州、東京」
という歌もありました。わらべうたには数え歌形式のものが多いのですが、昔、庶民がま
だ字を読むことができなかったころは、数え歌にしておくと覚えやすかったのでしょう。
　私が子どものころ、字はカタカナから習いました。数は「ひとつ、ふたつ、みっつ…」
の和数字から、それも歌になると「ひい、ふぅ、みい、よぉ」と歌うことが多かったよう
に思います。「いち、に、さん」というのは漢数字で、大人の人、特に男の人が使う数え
方だと言われて、女（おんな）子どもは「ひとつ、ふたつ」が主流でした。今は幼い子で
も「いち、に、さん」の漢数字で数えますので、余計わらべうたになじみにくいのかもし
れません。

一匁の一助さん
（もんめ）（いい）（すけ）

普通サイズのお手玉を1個持ちます。

♪いちもん　めの　　いぃすけ　さん　いの　じが　きらい　で
いちまん　いっせん　いっぴゃっ　こく　いっと　いっと　いっと　まめ
おく　　らに　　おさ　　めて　にぃもん　めに　わたし　た

………（同様に「にぃもんめ」「さんもんめ」…と続ける）

じゅうもん　めの　　じゅうすけ　さん　じゅの　じが　きらい　で
じゅうまん　じっせん　じっぴゃっ　こく　じっと　じっと　じっと　まめ
おく　　らに　　おさ　　めて
いっかんかしも　ぉし　た

（○：右手へ　　　●：右手で上げる　　　△：左手へ　　　▲：左手で上げる）

＜ルール＞
・最初はお手玉を右手で持っておく。（「いちもん」で、左手に渡す）
・歌詞の数字（「いち」など）の部分は、左手で投げ上げる（▲のところ）、または、左手へ
　渡す（△のところ）。
・それ以外は右手で投げ上げる（●のところ）、または、右手へ渡す（○のところ）。
・歌詞につけている記号は、64ページ「いも　いもにんじん」と同様で、○のところは左
　手から右手へ、●のところは右手で投げ上げる、△のところは右手から左手へ、▲のとこ
　ろは左手で投げ上げる。

（最後の「いっかんかしもぉした」のところは、以下のようにやる）

いっかんかしも　　　　　　ぉし　　　　　　　　た
右手で4回投げ上げ、　　甲で1回跳ね上げて、　　上からつかみ取る

いっ　かん　かし　も　　ー　　　し　た

（お手玉のサイズの詳細はP4参照）

発展！

右手の手のひらと甲でやってみましょう。

６５ページ「いも　いもにんじん」＜発展！＞のあそびと同様に、左手部分を右手の甲に変えてあそんでみましょう。

ひとこと

「一貫貸し申した（いっかんかしもうした）」というのは、ひとつのあそびをそぐらずに（失敗しないで）やり通したというときに歌いました。なぜ「一貫貸し申した」なのか、なにをだれに貸したのか、さっぱりわからないまま、歌ってきました。私が子どものころは、たいてい４、５人で輪になってお手玉やまりつきであそびましたが、ひとりずつお手玉を操（あやつ）って、途中でそぐる（失敗する）と次の人の番になります。「一貫貸し申した」までそぐらずにやり終えたら、次の歌のあそびに移れるのですが、途中でそぐると、また自分の番になっても、いつまでも同じ歌を歌って同じ動作をしなければなりませんでした。

お手玉は手だけのあそびと思われがちですが、体全体の機能を使ったあそびです。特に脳の働きを正常にさせるようで、ゲームばかりやっていて、脳波が異常になっている若者に、お手玉をすすめる学者もいるようです。

一匁（いちもんめ）の一助（いいすけ）さん

一匁（いちもんめ）の一助（いいすけ）さん　いの字が嫌いで　一万一千一百石（いっぴゃっこく）　一斗（いっと）一斗一斗豆

お蔵に納めて　二匁（にいもんめ）に渡した

二匁の二助（にいすけ）さん　にの字が嫌いで　二万二千二百石　二斗二斗二斗豆

お蔵に納めて　三匁に渡した

　　　……（同様に１０まで１つずつ数を増やしていく）

十匁の十助（じゅうすけ）さん　じゅの字が嫌いで　十万十千十百石（じゅう じっ じっぴゃっこく）　十斗（じっと）十斗十斗豆

お蔵に納めて　一貫貸し申した

わらべうた

いちもんめ　の　いいすけさん　　いのじが　きらいで

いちまん　いっせん　いっぴゃっこ　く　いっと　いっと　いっと　まめ

お　くらに　おさめて　に　もんめに　わたした

※読み方：五助（ごすけ）さん　七助（なあすけ）さん　八助（はあすけ）さん　九助（きゅうすけ）さん　七斗（なっと）　八斗（はっと）　九斗（きゅっと）

ひぃふぅみぃよぉ（両手2つ玉）

普通サイズのお手玉を2個持ちます。

お手玉2個を、両手を使って順繰（じゅんぐ）りに投げ上げる、お手玉の基本的なあそびです。

数え歌（かぞえうた）を歌いながら、10回続けてやってみましょう。

1

両手に1個ずつお手玉を持ち

2 ♪ひぃ

右手のお手玉を
上に投げ上げ

左手のお手玉を
右手に渡し

落ちてくるお手玉を
左手で受け取る

3 （2を、歌に合わせて「ふぅ」から「とお」までくりかえす）

ひぃふぅみぃよぉ

わらべうた

ひ ぃ ふ ぅ み ぃ よ ぉ い ぃ
む ぅ な ぁ や ぁ こ の と お

（お手玉のサイズの詳細はP4参照）

68

両手２つ玉の練習

子どもとはじめて両手２つ玉のお手玉あそびをするときは、こんなふうに教えています。

①右手のお手玉を
　投げ上げたら

②すぐに左手のお手玉を
　右手に渡し
　（右手は取りにいかない）

③左手のひらを上に向ける
　（落ちてくるお手玉は
　　受け取らない）

最初は、大人が向かい側から、子どもの左手を
持って、「右手に渡す」「手のひらを上に向ける」
の動きを一緒にしてあげます。

これを何回かくり返して練習し、ひとりでできるようになったら、

④落ちてくるお手玉を
　左手で受け取る

ひとこと

　右手で投げ上げて、左手から右手に渡す、この２つの動作「投げる・渡す」で１拍、落ちてくるお手玉を左手で受け取る動作「取る」で１拍です。「１、２」「１、２」とかけ声をかけながら練習するのも上達につながります。

いちじくにんじん （両手2つ玉・2人で）

2人であそびます。各自普通サイズのお手玉を2個ずつ持って、向かい合って座ります。

数え歌を歌いながら、7回
続けてやってみましょう。

1

各自両手に1個ずつお手玉を持ち

2 ♪いちじく

右手のお手玉を
相手に投げ

左手のお手玉を
自分の右手に渡し

相手から投げられてきた
お手玉を左手で受け取る

3 （2を、歌に合わせて「にんじん」から「ななくさ」までくりかえし、
最後は「ほい」で、お手玉を持った両手をひざに置いて、おしまい）

いちじくにんじん

わらべうた

い ち じく にん じん さん しょに しい たけ

ご ぼうに む かごに な なくさ ほい

（お手玉のサイズの詳細はP4参照）

いろんな歌であそんでみよう

両手２つ玉のあそび「ひぃふぅみぃよぉ」（68 ページ）や
「いちじくにんじん」（70 ページ）を、少し長い歌でやってみましょう。

一番初めは一宮

♪一番初めは一宮　二は日光の東照宮
　三は佐倉の宗五郎　四はまた四国の金毘羅さん
　五つは出雲の大社　六つ村々鎮守様
　七つ成田の不動さん　八つ八幡の八幡さん
　九つ弘法大師さん　十で東京東照宮

ひ と こ と

この歌は戦勝祈願の歌だと教えられて、途中でそぐる（間違えたり落としたりする、福島の方言）と戦争に負けると教わりました。もっとも、私がこの歌であそんだのは、戦争に負けてからですけれど、最後までお手玉を落とさないように慎重にやりました。

一番初めは一宮

わらべうた

いろんな歌であそんでみよう

一に橘（たちばな）

♪江戸の問屋さんで 晒（さらし） 三反（たん）もらってナイ

　一に橘　二に杜若（かきつばた）ナイ

　三に下がり藤　四に白牡丹（しろぼたん）ナイ

　五に御殿の　五葉（ごよ）の松染めてナイ

　六つ紫　七つは南天（なんてん）ナイ

　八つ山吹　九つ小梅ナイ

　十で殿様　葵（あおい）の御紋ナイ

ひとこと

　　この歌は家紋の歌です。昔は家と家の結びつきでしたから、家紋も大事だったのでしょう。徳川家の葵のご紋、前田家の梅鉢ご紋など有名です。嫁入り前に相手の家の紋を入れた着物を作って嫁入り支度（じたく）の中に入れました。今は自分の家の家紋もご存じないという方が増えましたが、江戸時代までは「家」に縛られて苦労した女性も多かったことでしょう。今は嫁入りするのではなく、結婚するのです、家紋にはこだわりません、いい時代になりました。

一に橘

わらべうた

向こう横町のお稲荷さんへ

♪向こう横町のお稲荷さんへ　一銭あげて
　ちゃっと拝んでお仙の茶屋へ
　腰を掛けたら渋茶を出して
　渋茶よこよこ横目で見たれば
　米の団子か　泥の団子か
　お団子だんごその団子を
　犬にやろうか　猫にやろうか
　とうとう鳶にさらわれた
　まず一貫貸し申した

ひとこと

　このお稲荷さんというのは谷中にあった笠森稲荷のことで、瘡守（かさもり）の神として信仰され、土や米の団子を供えたとか。お仙というのは実在の人だそうで、その境内にあった鍵屋というお茶屋の娘（1751〜1827）。お仙が絶世の美人だったので、笠森稲荷に参詣にくる人は、稲荷神社にお参りするより、お仙目当ての人が多かったという歌です。

向こう横町のお稲荷さんへ

お手玉の作り方

座布団型お手玉

材料

	大きいお手玉 （この本のあそびで使用のもの）		普通サイズ （一般的に使われているもの）	
布	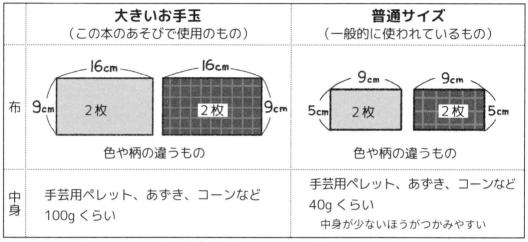 16cm 2枚 9cm	16cm 2枚 9cm 色や柄の違うもの	9cm 2枚 5cm	9cm 2枚 5cm 色や柄の違うもの
中身	手芸用ペレット、あずき、コーンなど 100g くらい		手芸用ペレット、あずき、コーンなど 40g くらい 中身が少ないほうがつかみやすい	

※あずきやコーンなどは、虫食いの処理をしてからお使いください。

作り方

①上図（「材料」欄）の大きさに切った布の裏側に、図のように 6 か所印をつける。4 枚とも同様にする。

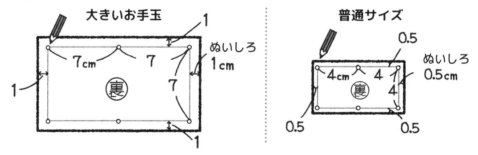

②布の左右中央につけた印の外側、ぬいしろ部分に切り込みを入れる。上下 2 か所。4 枚とも同様にする。

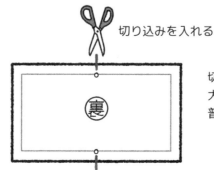

切り込みを入れる

切り込みの長さ
大きいお手玉：0.8cm くらい
普通サイズ：0.3cm くらい

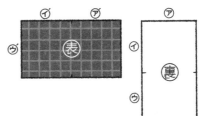

③色や柄の違う布を1枚ずつ、図の向きに置く。

④⑦と⑦、⑦と⑦、⑦と⑦の順に縫い合わせる。

※縫うのは、①　でつけた印から印まで。

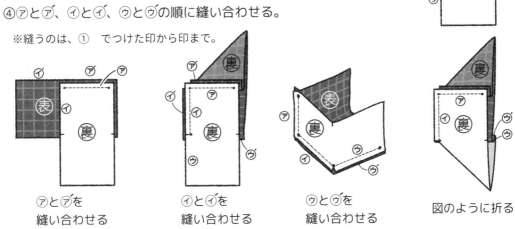

⑦と⑦を
縫い合わせる

⑦と⑦を
縫い合わせる

⑦と⑦を
縫い合わせる

図のように折る

⑤残りの2枚も同様に縫い合わせ、図のような向きに置き、⑦と⑦、⑦と⑦、⑦と⑦、⑦と⑦、
　⑦と⑦を、布を回しながらぐるりと縫い合わせる。(⑦と⑦は縫い合わせない)

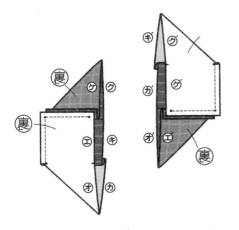

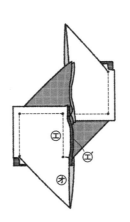

⑦と⑦を縫い合わせ、
そのまま糸を切らずに、
⑦と⑦が合わさるように
布を折り直し、
縫い合わせる。

以下同様に、
⑦と⑦まで
縫い合わせる。

⑥縫い残した⑦と⑦のところから表に返し、
　中身を入れる。

ペレットなど

紙を筒状に丸めた
ものに入れると、
入れやすい

⑦⑦と⑦は、それぞれぬいしろ部分を
　中に折り、縫いとじる。

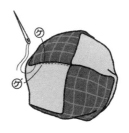

ネコの形のお手玉

材料

	子ネコ（1個分）	親ネコ（子ネコを入れる袋）		
布	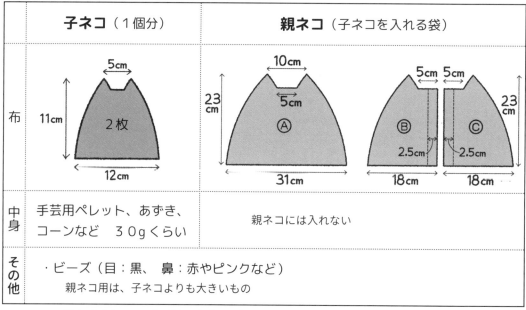			
中身	手芸用ペレット、あずき、コーンなど　30gくらい	親ネコには入れない		
その他	・ビーズ（目：黒、　鼻：赤やピンクなど）　　親ネコ用は、子ネコよりも大きいもの			

※あずきやコーンなどは、虫食いの処理をしてからお使いください。

子ネコの作り方

①上図（「材料」欄）の大きさに切った布2枚を、表を中にして合わせ、下の部分5cmくらいを残して縫い合わせる。耳の根本部分に図のように切り込みを入れる。

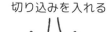

切り込みを入れる

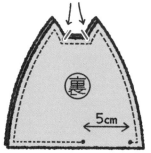

②表に返して、目と鼻のビーズを縫いつける。ひげは、ペンで描くか、刺しゅう糸でつける。

③①で縫い残したところから中身を入れて、縫いとじる。

ペレットなど

④下の右端と左端を、図のように合わせて、糸で縫ってつなぎ合わせる。

端どうしを糸でつなぐ

親ネコの作り方

①左図（「材料」欄）の大きさに切った
　布Ⓑ とⒸ を、表を中にして合わせ、
　点線㋐（布の端から2.5cmのところ）
　を下から8.5cm縫い合わせる。

②Ⓒを、点線㋐で裏側に折り、点線㋑でさ
　らに折って布の端を中に折り込み、折っ
　た端を図のように縫う。
　Ⓑも同様にする。

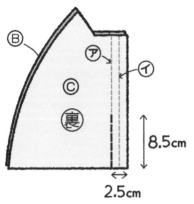

8.5cm

2.5cm

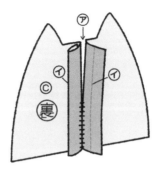

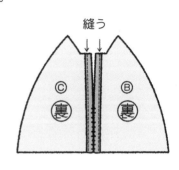

縫う

③②とⒶを中を表にして重ね、周囲を縫
　い合わせる。耳の根本部分に、図のよ
　うに切り込みを入れる。

④表に返し、下の両端を、糸で縫っ
　てつなぎ合わせる。

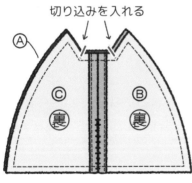

切り込みを入れる

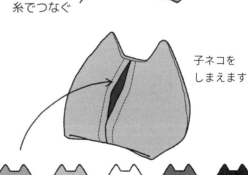

端どうしを
糸でつなぐ

子ネコを
しまえます

⑤目と鼻のビーズを縫いつける。ひげは、
　ペンで描くか、刺しゅう糸でつける。

リボンや鈴を
つけると
かわいい

リボンや鈴は取れる場合がありますので、赤ちゃん
が触る場合は、じゅうぶんにご注意ください。

（＊ネコの形のお手玉は、中村孝子さんに教えていただきました）

77

サルの形のお手玉

材料 （1匹分）

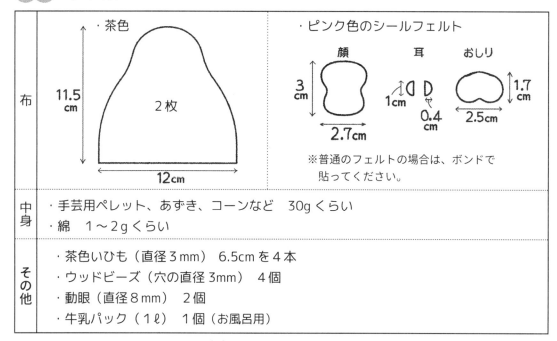

布	・茶色 11.5cm 2枚 12cm　　・ピンク色のシールフェルト　顔 3cm 2.7cm　耳 1cm 0.4cm　おしり 1.7cm 2.5cm　※普通のフェルトの場合は、ボンドで貼ってください。
中身	・手芸用ペレット、あずき、コーンなど　30gくらい ・綿　1〜2gくらい
その他	・茶色いひも（直径3mm）　6.5cmを4本 ・ウッドビーズ（穴の直径3mm）　4個 ・動眼（直径8mm）　2個 ・牛乳パック（1ℓ）　1個（お風呂用）

※あずきやコーンなどは、虫食いの処理をしてからお使いください。

サルの作り方

①ウッドビーズの穴にボンドを少しつけて、茶色いひも（6.5cm）の先を押し込んで固定する。
これを4個作る。

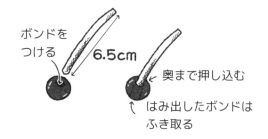

ボンドをつける
6.5cm
奥まで押し込む
はみ出したボンドはふき取る

②上図（「材料」欄）の大きさに切った茶色い布1枚の表に、①を図のように軽く縫いつける。

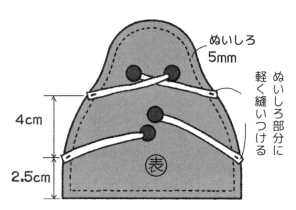

ぬいしろ 5mm
ぬいしろ部分に軽く縫いつける
4cm
2.5cm
表

③②の布の上に、もう1枚の茶色い布を、表どうしを合わせるように重ねて、下端4cmくらい残して、周囲をぐるりと縫い合わせる。

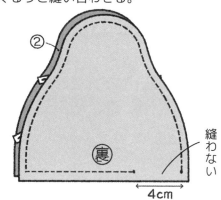

②
裏
縫わない
4cm

④頭のカーブの部分に何か所か切り込みを入れる。

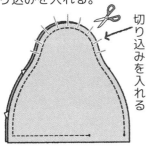

切り込みを入れる

⑤表に返して、頭から胸のあたりまで綿を詰め、そのあとペレットなどを入れ、縫いとじる。

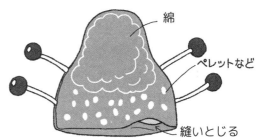

綿

ペレットなど

縫いとじる

⑥下の両端Ⓐ Ⓑを、糸で縫ってつなぎ合わせ、さらにⒸに縫い止める。

⑦顔の形に切ったピンクのフェルトに、目をボンドで貼って、赤いペンで鼻、口、おでこのしわを描き入れて、⑥に貼る。耳とおしりも貼る。

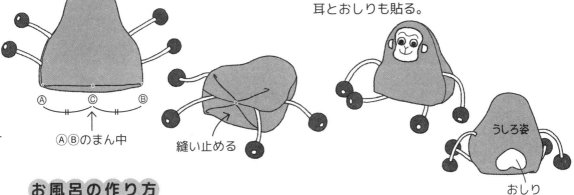

Ⓐ Ⓒ Ⓑ

ⒶⒷのまん中

縫い止める

うしろ姿

おしり

お風呂の作り方

①牛乳パックの口を開き、㋐㋑㋒㋓（図の太線部分）を切る。

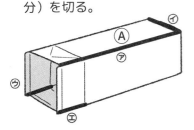

②点線㋔で山折りして、上の面（Ⓐ）を中に折り込む。

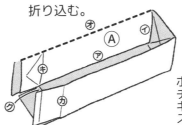

③点線㋖㋕㋗で山折りして、ホチキスで止める。

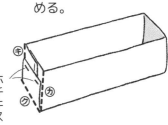

ホチキス

④手前の面を、下から5cmのところで切り取り、側面を斜めに切り取る。

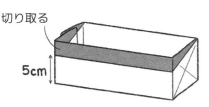

切り取る

5cm

ここにタイルの絵を貼ると、お風呂らしくなります。

ウッドビーズは取れる場合がありますので、赤ちゃんが触る場合は、じゅうぶんにご注意ください。

（＊サルの形のお手玉は、保坂あけみさんに教えていただきました）

俵型お手玉（普通サイズ）

材料

布	中身
17 cm / 10 cm / 1枚	手芸用ペレット、あずき、コーンなど 35〜40gくらい 中身が少ないほうがつまみやすい

※あずきやコーンなどは、虫食いの処理をしてからお使いください。

作り方

①上図（「材料」欄）の大きさに切った布を、表を中に2つ折りにして、端を縫い合わせる。

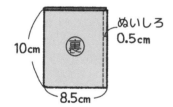
10cm / ぬいしろ 0.5cm / 裏 / 8.5cm

②筒状にして、上の端をぐるりと1周並縫いする。

裏

③糸を引っぱってぎゅっと絞り、

④2周くらい糸を巻きつけ、ひと針刺してから、玉止めする。

⑤表に返して、上下逆さにし、上の端を同様にぐるりと1周並縫いする。

表

⑥ぬいしろ部分を中に折り込み、中身を入れる。

ペレットなど

⑦糸を少しずつ引っぱって、口を絞る。（ぬいしろが外に出ないようにする）

⑧絞った口が開かないように、何針か刺して、しっかりと縫いとじる。

⑨玉止めをしてから、絞り口の中心から針を入れ、側面から出して、玉止めを袋の中に引き入れて、糸を切る。